Made in the USA
Monee, IL
19 January 2022

89413348R00068